H열 1번 자리

영언 동인 시집

H열 1번 자리

만인사

사랑으로 맺은 알찬 결실

유난히 잦은 비가 내렸던 한 해였습니다. 또한 우리를 가슴 아프게 했던 일들도 많았습니다. 하지만 어김없이 결실의 계절은 우리 곁에 포근하게 다가왔습니다.

이 가을 풍성함 속에는 모든 사람들의 땀과 열정이 담겨 있으리라 생각합니다.

〈영언〉 동인지 제5집에 실린 주옥같은 글들은 회원들의 정성과 사랑으로 맺은 알찬 결실입니다. 문학적 열정으로 시조에 매진한 동인들의 노고가 고스란히 담겨 있습니다.

새로운 식구도 늘어가고 모두가 바쁜 일상에도 꾸준한 노력으로 창작열의에 몰두해 온 결과물이 아닌가 싶습니다.

여기, 끈끈한 동인의 정을 쌓아온 다섯 번째 작품집 『H열 1번 자리』를 조심스럽게 내놓습니다. 시조의 형식

과 운율에 천착하면 할수록 시조의 격조와 흥취를 획득할 수 있다는 것을 가슴 깊이 새기며 더욱더 증진하리라 기대하며 매진해 봅니다.

2014년 10월

회장 손 영 희

차 례

손영희

송인영

윤경희

이교상

이숙경

이화우

임성구

정희경

| 영언이 뽑은 올해의 좋은 시조 |

김 진 숙

2006년 《제주작가》, 2008년 〈시조21〉 신인상, 제5회 한국시조시인협회 신인상 수상, 시집 『미스킴라일락』

jinsook67@hanmsil.net

밥 짓는 사월

아침밥 거른 아이들
등굣길이 허허할까

햇살에 갓 씻어낸 조팝꽃이 피고 있다

압력솥 서둘러 앉힌
사월은 한창
취사 중

경의선

녹이 슨 새들이 열차를 끌고 간다.

장단콩 콕콕 쪼다 임진 장단 봉동 개성 콩 한 쪽 입에 물고 열차를 끌고 간다 토성 여현 금교 한포 삐걱삐걱 날아올라 철조망에 둥지 틀고 알을 낳던 새들아 평산 서흥 흥수 마동 어서어서 가자가자 사리원 계동 황해 황주 역포 너머 대동강 시린 물에 목축이고 가잔다 평양 서포 석암 만성 툭툭 털어 발목 담가, 화통 속에 뿌리 내린 뽕나무도 데불고 신안주 맹중리 운정 정주 끊긴 길에 침목 하나 얹고 또 얹고 다시 얹어 선천 남시 들릴까 육십 사년 전 그 겨울 경적소리 이번 역은 신의주 서울에서 신의주까지……

어디쯤 가고 있나요
당신이 탄 열차는.

아파트 심는 도시

소도시 밭이던 땅에 세워진 팻말 하나

'출입금지 경작금지 아파트 짓습니다'

어쩌나, 배추흰나비 밭담 훌쩍 넘는다.

바뀐 세상 못 읽는 건 나비만이 아닌 게야

쇠비름 강아지풀 바랭이 쇠뜨기까지

뿌리와 뿌리를 묶고 스크럼을 짜고 있다.

석화

누구의 묵상 기도가
저리 간절했을까

까칠한 손등마다
가만히 귀 대어보면

강보 속 내 어머니가
물려주시던 초유 냄새

누구나 제 밥그릇은
챙기고 태어난다며

꼬옥 움켜쥐라던
지구의 한 귀퉁이

이제는 멀어진 바다
밥상에서 듣는다

로드킬

넓어진 길에는 사람의 길만 남았다

사라진 길을 더듬던 노란 눈의 무단횡단

오늘도 달맞이꽃이 고양이 소리로 울까

내일 또 해가 뜬다며 가속페달 밟는 아침

햇살 총총거리는 사차선 아스팔트엔

무심히 까치 세 마리 이 저승을 오간다

엉또폭포

오래도록 참았네
멈추어 선 저 울음

말을 아끼던 어머니
타들어간 속내인 양

흐리고 쓰린 날에도
쏟아내지 못하네.

숨어서 동백이 지는
절벽에 기대어서

엉엉 또 울어야
펑펑 다 쏟아내야

그 겨울 견딜 것 같은
막내딸을 보았네.

숫자 하나 얹는 봄

오늘을 사는 일이 숫자놀이 같은 걸까

열 세 자리 주민번호 화장터 대기번호까지

서로를 기억하기 위해 숫자 하나 얹는 거

숫자로 매겨지는 건 나무도 다르지 않아

재선충 방제작업에 잘려나간 소나무들

숨죽여 헐떡거리던 시간들을 세고 있다

사랑한 흔적 같은, 남겨둔 발자국 같은

기계톱 뭉텅뭉텅 훑고 간 자리마다

죄 없이 수인번호 달 듯 2056, 2057……

문 수 영

2003년 〈시를 사랑하는 사람들〉에 시 등단, 2005년 《중앙일보》 신춘문예 시조 당선, 2007년 한국문화예술위원회 창작지원금 받음, 시조집 『푸른 그늘』, 『먼지의 행로』

mmi345@hanmail.net

수옥폭포

지워지지 않는 물때 하얀 꽃을 피우고
어제를 기억하는 나무들
젖은 귓속 닦아낸다
한순간
떨어지면서 날아오르는 무수한 함성,

부유하는 잎사귀, 꿈의 혓바닥 깨문다
길 따라 가지 못해
옹이진 마음 보듬고
끝없이
저를 버린다, 회초리 맞으면서

천근의 물줄기가 온몸 멍자국
지우고 또 지우면 하나씩 구름 걷히고
저 멀리
하늘 속으로 날아가는 새떼

폭설·2

*

에덴의 동산에 내리던 그 함박눈
전설을 간직한 채 온 설악을 덮더니

오늘은
수수 억만의 꽃이 되어 분지에 내려앉는다

순록의 마차 탄 듯 눈 속으로 미끄러진다
옆구리 쿡쿡 찌르며
경계를 지우는 눈

이 길 끝
수염 긴 할아버지가 우리를 기다릴까?

**

달리는 차들은 금세 흔적을 지운다
바퀴 아래 파열하는 순백의 덩어리들

속 훤히
드러난 곳에서 공존하는
생生과 사死

내리는 송이송이 그대로 쌓아올리는 화단
발자국 하나 없는 오롯한 미지의 세계
발 뻗어
가고 싶은 곳,
아무도 가지 않는다

전쟁과 평화

솟구쳐 오르는 것이 그 어디 분수뿐이랴
답 없는 층간소음, 뻗쳐오르는 덩굴손……
단단한 껍질을 입고 무장하는 사람들

최루탄, 폭격기보다 무거운 검푸른 중독
잡으면 날아가 버리는 마음의 맨 끝자리
차라리 동화 속 주인공 잠자는 공주라면……

날 풀려도 신천 지키는

논병아리, 청둥오리

둥근 파문 흘려놓고 해녀보다 민첩하게

육陸 해海 공空 들락거린다

날개를 파닥거리며

시인·2

유난히 하늘 고운 날, 강물을 들여다본다

강가 수양버들이 물 속에 빗살무늬 주름을 만든다 내 시름만큼 여울지며 물 속의 세상 잠시 흐트러진다 물 위에 얹힌 세상 귀도 눈도 크게 뜨고 바라본다. 자꾸만 미끄러지는 풍경 손 뻗어 얼룩진 시간의 천 위에 수를 놓는다 하늘, 풀, 바람, 새……

뒷모습
반듯한 태아를
잉태하기 위하여

적·2

잠자고 있는 나를 흔들어 깨우는 너
잔잔하던 호수 긴 물결무늬 일어난다
시간이 화장을 하듯 고요함에서 탈피한다

평행봉에 올라서서 마주보고 서 있다
밀고 밀리는 사이 계절은 가고 오고
안으로 향했던 눈이 점점 어두워진다

너는 내게서 나온 피할 수 없는 그림자
열린 문으로 들어와 틈새로 나갔지만

대문은
항상 열려 있다

신의 각본
읽는 밤

화음

성긴 기와 틈새로 음악이 흐른다
못 하나 허투루 박지 않은 손길이
수백 년
모든 풍파를 견뎌낸 힘이었음을

새 소리, 바람 소리……
오케스트라가 아니라도 좋아

거미가, 박쥐떼가 구석구석 집 지었다

외딴섬,

풀피리 소리

화음을 맞춘다

두루마리 화장지

달,달,달 너를 위해 오늘도 몸을 푼다

너의 손길 닿는 곳, 상처도 각인된다

물 속에 용해되어서도 네 모습 간직하리

박 연 옥

2006년 《중앙일보》 신인문학상 시조 당선, 이영도시조문학상 신인상 realwing@naver.com

파적破寂

올챙이 떼 왁자한 다랭이 무논 위로

하늘을 찌를 듯이 개개비소리 날아가자

봄이다! 놀라 흩어지는 물에 비친 구름들

돌미나리 새순 위로 이슬 흠뻑 내려앉은

보이지 않는 아침이 파랗게 젖었다

민들레 하얀 목덜미 흔들고 가는 바람

마흔 살의 진주眞珠

속살 깊이 파고든 사랑도 아픈 사랑
천만 근 매듭으로 생살 더욱 아려온다
오늘도 바다를 안고 혼자 우는 저것은

거친 파도 폭풍우를 온몸으로 맞으면서
절망도 굳게 다문 침묵의 시간 지나
버리고 다시 버렸다 작은 뼈 하나 위해

은빛 바다 저 멀리 떠오르는 금강경
마음의 상처가 꽃보다도 고와라
누구의 아픔이기에 저리 홀로 눈부신가

메밀꽃 안부

그 옛날 기찻길 옆 세모난 귀퉁이논
재잘대는 아이들과 메밀꽃이 하얗다
발목 흰 풍금 소리가 음보 밖을 맴도는

채우면 비워지는 오후의 이마 위로
그때의 시간들이 물소리로 끓고 있다
가을이 찻잔 속에서 공기처럼 가라앉는

떠나간 이름에게 한 움큼 쥐어줄까
달빛은 부서져서 저만큼 흩어지고
메밀꽃 잘디잔 향기 안부처럼 다가온다

오전 여덟 시

비둘기
자리 뜨자

떨어진
깃털 두엇

산책 나온 고양이
살며시 밟고 간다

오소소
꽃잎진 자리
뒷모습을
남긴 봄,

달무리

구겨진 구름 사이
홀몸으로 빠져나와

부드러운 질감으로
확 퍼진 물비린내

그렇게
돌아온 사내
우두커니
서
있다

맑다

무슨 소식 올 것 같은
개인 날 맑은 풍경

나뭇잎 사이사이
연둣빛 새소리를

살며시
뜰채로 뜨자
소복이
담기는 봄

그리고 남은 적막

천천히 늙어가는 외딴집 저녁 노을
대숲을 배경으로 가족 같은 감나무
발갛게 등을 밝히고 누구를 기다리나

우표 없이 배달된 눈부신 벌레 소리
억새들 은빛 갈기 달려가는 언덕 아래
구절초 보랏빛 향기 또 하나 남은 적막

손 영 희

2003년 《매일신문》, 〈열린시학〉 등단, 오늘의시조시인상, 이영도시조문학상 신인상, 2013년 서울문화재단 창작지원금 수혜, 시집 『불룩한 의자』

cheaIsu9@hanmail.net

해피엔드

퇴근길 나 혼자서 영화를 보러 간다

어둠이 무릎을 덮는 H열 1번 자리

마음이 골목 같아서 외등 하나 켜고 싶은 날

가보지 않은 생은 언제나 해피엔드

폭풍 같은 어제와 실뱀 같은 내일이여

누선에 고이는 물기

흔들리는 엔딩 씬

우포, 안리에서

잠이 덜 깬 길 위로 서리가 살풋하다

바람의 착시처럼 지워진 물의 경계

가시연 입적한 자리가 상처 난 발등 같다

사무친 마음 따윈 상관없이 흘러가는

늘 그렇듯 반짝이던 수면을 박차고

칩거한 마을을 등지며 추방되는 기러기들

끌고 온 날들이 슬리퍼처럼 헐렁하다

뜬 눈으로 지새운 햇살을 등에 업고

바람이 조심스럽게 서릿발을 지우고 있다

정자리 1

노란 스쿨버스가 없는 아이를 싣고 간다

봉고차가 하우스족 할머니들 싣고 간다

동살이 적막 속으로 순찰병처럼 스며든다

노란 스쿨버스가 없는 아이를 내려놓고

봉고차가 풀죽은 고춧대들 부려놓자

노을이 아랫목으로 밑불을 놓고 있다

정자리 2

반쯤 헐린
흙담 안
바스락대는
시래기들
헛기침하듯
무릎걸음으로
마루를
당겨놓고
이 빠진
햇살 한 줌이
찬밥 덩이
오물거린다

정자리 3
—곤포사일러지*

목 잘린 몸뚱어리들
수거될 그날까지

흰 수의 입고
묵언 정진하는
사리들을
보라

여든에
여덟 번 허리 굽힌
보살들의
힘이다

---

* 사료용 짚단

쇠비름

거지 아낙이
처마 밑 어둠 속으로 스며들어

핏빛 속곳에
둘둘 말아 버리고 간 업둥이

질기고

질긴 업으로

땅을 기는

저

천민

근성

로드킬

지상의
그 어떤 죽음이
저렇게 상스러울까

육체가 없었으면
없었을 구멍

거적도
노제도 없이
비의 조문을
받는구나

송 인 영

2010년 〈시조시학〉 봄호 신인작품상

pinesong1011@hanmail.net

제주도 장다리꽃

섬 속에 집을 짓고 그 섬을 바라보네
술래를 정하지 못해 부표 하나 떠올려
그대와 나 사이를 잇는
우도와 성산포 같은

궨당* 삼촌 잠수복 서너 벌 널려 있는
해 뜨면 잠겼다가 노을 건져 올리는 섬
흰나비 전설이 되어
파도소리 껴안네

아득한 풍경들은 그냥 거기 놓아두고
해마다 수런대며 소라축제 열리는 봄
수굿한 섬 이야기들이
씀벅씀벅 피어나네

---

* 친척의 제주도 사투리

한 방에!

연북로 사거리 신호등에 황혼이 걸린 시간,

50대 후반 운동복 부부 나란히 걸어간다. 작정한 듯 핏대 세우는 아저씨 잔소리 장난이 아니다. "텃밭 딸린 단독주택, 단독주택, 단독주택, 눈만 뜨면 들들 달달 참깨 볶듯 볶더니만, 정작 텃밭에 들어 허리 굽히는 건 도대체 누구냐"고. "가지, 고추, 상추, 깻잎, 호박, 쪽파, 얼갈이배추, 쑥갓, 아욱, 방울토마토까지, 대 세우고, 김매주고, 물도 주고, 시시때때로 약도 쳐줘야지. 퇴직해서 이 짓하라고 텃밭, 텃밭 그랬는감?" "에이, 무슨 남자가 쩨쩨하게 저리 바가지람" 지나가던 시츄 한 마리 참았던 오줌 찍찍 갈기는데. 이때, "난 고추 한 개, 방울토마토 두 개, 이렇게만 잘 세우면 되는 거 아냐?" 기막힌 이 한마디에 아저씨 그냥 노을 속으로 나가떨어지고 말았는데……

길섶 끝 작약 무더기 붉은 목을 꺾는다.

중년의 여름

올레길 18코스 남생이못에 살고 있는

세 마리 소금쟁이 수묵 담채 풍경으로

고요히 미끄러지며 한 세상을 읽는다

흰 구름 뭉게뭉게 꿈결처럼 떠다니고

보폭이 고단해도 몸 가벼운 영혼인지

호젓한 오름의 잔등 물살처럼 빛난다

물음표 지우면서 그 얼마나 걸어왔나

호사로운 한나절 앙가슴 다 내려놓고

외로운 소금쟁이들 섬 속으로 떠난다

사평에서

차들이 지날 때면 사금파리로 반짝이는, 낡아서 녹슬어버린 낯익은 저 이정표

홀연히 집을 빠져나온 시인의 모습 같다

할머니라 부르기엔 아직 이른 나이지만 구름을 그러안고 마을 입구에 나와 앉아 날마다 노란 봉고차를 잠잠히 기다리는……

세상에 못할 짓은 손자 홀로 키우는 일, 제 몸보다 큰 가방 희망을 받아 안고

또 하루 생의 터널을 들꽃으로 걸어간다

보리밥

골 깊은 바람 소리
알알이
숨어 있는

보릿대 관절들은 옹이보다 단단했다

어머니
퉁퉁 부은 눈

그 생애를

닮은

밥

무릇꽃 노을

절물오름 에돌아 높아진 하늘 속에
수평선 이어놓고 바다를 달랜 저녁
산 아래, 총총한 집들
별처럼 돋아나네

4·3이 끝난 땅에 벌초 끝낸 봉분들
음력 8월 초하루 그쯤에서 돌아오는
한 무리 들꽃을 붙들어
만경봉호 안부 묻고

먼 길의 그 그리움 혼자서도 설렐까
낫자루 굽은 세월 지상에 묻어놓은
한 평반 아버지의 기억
내 손등을 적시네

별들의 이력

신약과 구약처럼 나누어진 마을에는 별들도 서로 다른 찬송을 하는가 보다

오늘은 신제주보다 구제주가 더 밝아

어머니 요양원의 변실금빛 저 가로등 혼자서 나름대로 길들을 밝힌다지만 정규직 별들 앞에선 명함조차 못 내밀어

드러내지 않아도 빛나는 밤이 있어 잠든 꿈 훔쳐보는 메마른 육신 앞에서

이력서 다시 써본다, 새벽까지 푸르게

윤 경 희

2006년 〈유심〉 신인문학상, 시집 『비의 시간』, 〈분지사람들〉 동인, 대구예총 편집위원, (재)대구디지털출판산업진흥원 운영위원, 현재 대구문협 사무국장 ykh6463@hanmail.net

스마트폰 氏의 문상

봄날 오후 전철 안 쥐죽은 듯 조용하다

모두가 넋 나간
숙연한 상갓집,

그 누가
생을 달리했기에
저토록 엄숙한가

역마다 조문객이 줄지어 들어오고
재빠른 손길로 주검을 어루만진다

광적인
교신을 해대는
저 환한 묵념의 시간……

7080

현란한 조명 아래 좁은 무대 휘도는

중절모 중년 남자 구성지게 노래한다

가끔은 엇박자 음정 아찔한 순간이다

사내를 끌고 가는 마이크와 반주기

산다는 것 한순간 저 놓친 박자처럼

속도를 조절해야 하는 한마디 노랫가락

낯선 사람 낯선 불빛 마음 먼저 앞서다가

또다시 주문에 걸린 듯 박자 놓쳐버리는

한가득 넘치는 술잔 사내가 젓는다

은사시나무

늙은 복서처럼 꿋꿋이 서 있었다

바람 위에 몸을 세운
당신의 푸른 손짓

하얗게
바스러지는 햇살
마지막 인사였구나

늦가을 공양

더디게 해가 지는 늦가을 2부 능선

민낯의 단풍나무
연인처럼 마주선다

아직은
때 이른 눈발
천방지축 뛰어들어

드러누운 계곡마다 붉게 물들인다
누군가 기다리며
홀로 뒤척이는

맨몸의
도토리 몇 알
저녁 공양 서두른다

폭포

저기, 보란 듯이 알몸으로 뛰어내리는

마치 이성을 잃은 듯한 발정기의 사내

여름내 사람들을 꾀는

멈추지 않는 바람기!

죽도시장에서

사방이 훤히 트인 바닷가 시장 골목
물 좋은 아귀들 목젖 열고 누웠다

넉넉한 몸집의 사내와
한참을 실랑이하는

넉살좋은 중년 여자 펄펄 뛰는 활어 같다
툭, 툭 던져대는 투박한 사투리에

쫓기는 칼잡이처럼
순식간 회를 썰고

이리 홍정 저리 홍정 덩칫값도 못한 채
결국 덤으로 얹은 사내의 웃음 한 접시

눈 녹듯
녹아내리는
저 따뜻한 인정의 길목

두 여자

헐렁한 몸빼 바지 바닥을 쓸고 간다
한 겹씩 벗겨지는 수북한 양파 더미
눈물도 익숙해져버린 기계 같은 손놀림

온종일 발가벗은 도매시장 한구석
입 다문 시간들이 거친 숨을 몰아쉰다
뜨거운 선풍기 바람 고부간 땀 닦아내며

둥글둥글 자루 속 덤으로 얹혀간다
박자 잃은 유행가 멋쩍은 듯 녹아들면
하루치 노동의 흔적 발자국을 찍는다

이교상

2004년《서울신문》신춘문예 등단, 시집『긴 이별 짧은 편지』등, 한국문화예술위원회 창작기금, 천강문학상, 김만중문학상, 아르코창작기금 받음, 현재 〈창작21〉 편집위원

lks3493@hanmail.net

시인의 평론評論

어둠을 내리 읽어 빛나는

뭇별처럼

가녀린 인간사를 넓게 품은 저 달처럼

울음도 깊이 매만지며

반만 겨우

아는 척

양파

언뜻 보면 공 같고
혹은 밤의 심장 같은

그 속엔
말하지 못한 쓰린 상처가 있지

벗기면
불면의 시간이

주루루

흘
러
내
린
다

속리俗裏

가장 아픈 자리에
한 채
집을 지었다

사랑한다!

귓속말 불어넣은
누옥陋屋,

참새가
들락거렸다

다섯 개 알
낳았다

물집

그리운
마음이라고
상처를 해석하네

세상 붉은 사랑이
모든 길의
자궁이라고

둥글게
부풀어 오른

내 몸을
터트린다

배꽃

한 줌 햇살 받아먹고 허기를 달래지만

가난한 저 아이들 하얀 이를 드러낸다

부자인, 그대 자식보다

더 아름답고

곱다

누드 드로잉

날마다

아버지는 아버지를 지워버렸고

아버지와 아버지를 아버지가 지워버렸고……

버릴 것 하나도 없는

텅 빈,

엄마의

집

입적入寂
—얼레지꽃

바람에 쫓기듯이
추레하게 지기 전에

희미한 그림자를 서둘러 수습하고

가볍게
제 몸을 말아

노을 속에
잠기는……

이숙경

2002년《매일신문》신춘문예 등단, 시집『파두』

soojiya65@hanmail.net

늦은, 너무나 늦은

막바지 봄 아들 낳고 반값의 차를 산 후
사막이 좋은 선인장으로 녀석은 피어나고
여자는 이름만 예쁜 사막여우로 늙어간다

바람이 쓸어놓은 길 흘려놓은 새 울음
둥그런 엉덩이로 깁고 가는 오랜 기억
구름에 꽤 묻어둔 시간 밑이 들지 않는다

낮잠은 중고 몸값 웃돌던 힘 기대어
숨겨둔 마초처럼 써먹던 거친 날들
낡은 숨 끄느름한 관계 자꾸만 깊어간다

공그르기*

그날 밤 여지없이 손아귀에 걸렸다
검지로 뚝 떼어낸 구멍에 목구멍 대고
한 시대
울컥 방류하는
거품 삼켜 물었다

종일 깨금발 짚던 뜨거운 지구 모서리
모로 누워 견디다 걸터앉아 되뇌며
아련히
별빛 쐰 입술로
캐묻는 지난한 일

부풀었던 깡통 서넛 우그러져 나앉았다
헛것처럼 살아도 모양새만 그럴 뿐
엎드려
출발선에 섰다
새벽이 넓게 왔다

---

*바늘땀이 겉에 보이지 않도록 숨겨서 바느질하는 것

해질녘

어눌한 단역인 듯 끊어지는 짧은 말
긴 저음의 강 물결 고즈넉이 이어준다
허투루 살아온 줄거리 뒤꿈치에 따라온다

밀봉된 수소처럼 허공을 떠돌다가
뜯겨지는 꽃술 위 허방에 빠진 불혹여자
오그린 강가 허구리 다독이며 걷는다

만나는 일 뜸해져 때때로 아쉬운 속내
시점 없이 여전해라, 그렇게 돌아설 때면
구포역 지나는 사이 가슴께가 붉어지는 강

낮은음자리표

반쯤 몸 굽히고
반쯤 숨소리 낮춰

등 돌리면 목젖 떨려
앞모습 바로 보이게

두 눈은
오선에 나란히
초점 맞춰 앉힙니다

가장자리 걸터앉아
뾜테 두른 자릿값

높은 소리에 쏠리는
나지막한 음계지만

별소리
다 들어주는
커다란 귀입니다

닻별

막차에 떠나보내는
사람살이 긴 여음

별빛을 거느리며
여리게 잦아든다

깊숙이
한 방향으로
송그려 기댄 시간

촉각 잃은 어둠 중턱
닳도록 문지르다

저만치 물러선다
풀벌레 작은 노래

뭉근히
천궁을 달여
우려내는 가을 밤

허공잡이

망막에 찍어 두었던 골목 사진 서너 장

만만히 내어주는 새벽길 나선다

목울대 차오르는 말 귀 기울이는 짙은 고요

멈칫 서는 순간 볼멘소리 불거진 길

풍뎅이처럼 뒤집힌 수레 허공을 한참 떤다

수거된 폐지와 빈 병 깐깐하게 매달렸다

소실점으로 사라지며 금단이라 눈금 긋던

헝클린 노인 흔적 떠도는 처연한 바람

값어치 매길 수 없는 뒷모습 수굿하다

11월

깊은 하늘 흔들었던
굴곡진 고흐의 몸

거칠고 비뚤어진 밤
불은 젖이 다 뜯겼다

등뼈를
곧추세워도
질색팔색 가는 바람

이 화 우

1965년 경주 출생, 2006년 《매일신문》 신춘문예 등단

hopensun@hanmail.net

백자 달항아리

어머니가 잠시 비운 하오 두 시

만 평 마당

꽉 들어찬 햇살 천 석, 살짝 들어 건너가면

화들짝
놀란 구름을 줍고 있는 구천 하늘

CCTV

네가 늘
본 것은 깊숙한 나의 등

윤간한 나의 얼굴을 한 번도 본적 없는

그러나 다 보았다고
생떼를 쓰곤 했지

나는 늘
얼굴에 붙어 다니는 등을 보다

오랜 상상으로
놓아두던 등을 보다

등마저 사라진 것을 오래도록 잊고 있었다

내가 본

웅크린 익숙한 나의 얼굴

소리 질러 충혈된
네 눈앞에 놓아도 보고

거세된 나의 알몸을 유령처럼 놓아도 보고

동백

뚝
떨어진 꽃잎 비벼 망망하게 살 닿이면

무정형 죽음이란 이런 것 같아

섬뜩하다

헝클진 부름이 가진
미끈한 저 흡착력

벌이나 나비쯤은 대수롭지 않다는 듯

그나마 맨발로 달려드는 바람이나

향내를 훔쳐 달아난 아비의 그림자도

주저앉은 모퉁이에 일순간 벌어진 입
투명한 관절이 꺾여 비명마저 가져가는

까끌한 눈물의 솜털
핥아먹는 붉은 저녁

원탕[*]

유리문 그 사이로
노인 몇 지나가고
지나온 나신은 부끄러운 실루엣
다 벗은 알몸 몇 닢을 수증기가 감싼다

조금 전 물소리에 영성을 내려 받듯
감독도 주연 배우도 둔부가 흔들리고
다 낡은 영상을 돌리는 김이 서린 거울 몇 장

가장 깊은 곳에서 길러온 두레박 줄
둥근 탕 적당한 둘레 모두가 나온 그곳
잘잘한 물살을 치며
연어 꼬리 지나간다

* 경북 울진군 봉면 덕구리 소재 유황온천 대중탕

그 방

이제 조금 알겠네,

낮게만 내리는 비

거슬러 가는 것은 자궁을 만지는 일

입가에 늦은 저녁이 둥글게 말려 있네

타닥-타닥 남아 있는 아궁이 속 붉은 소리

책처럼 엎드려서 응고된 귀를 열고

얼룩은 길처럼 굳어 꾸들꾸들

잠기네

비가悲歌

내 몸이 사라지는 소리를 보았나요

건너편 나뭇잎이 소란스레 단풍들 때
둥글게 웅크린 뼈가 구르는걸 보았나요

소리가 들어오고 빠져나간 이력들은
딱딱한 시간 위에 고스란히 남아서
뭉개진 허공 사이로 처연히 흩어지는데

당신이 남아 있는 소리를 들었나요

빼앗기지 않으려고 내가 건넨 말랑한 말
체액이 바싹거리며 이내 굳는 소리를요

창

불빛이 새나오는 그곳에 너는 있다

방향을 가늠할 도구도 없는 곳에

앞세운 긴 그림자가 저만치 돌아보는

경계를 허물면 투명하게 보일 것 같은

헐겁게 스며드는 목을 뺀 기다림만

간절히 부둥켜안고 사투리처럼 살았다

내 안의 너무 큰 어둠 깊은 갈래길

가끔 누군가 걸어가도 기척이 없는

불빛이 간절한 곳에 앙다문 네가 있다

임성구

1994년 〈현대시조〉 신인상 등단, 시집 『오랜 시간 골목에 서 있었다』, 『살구나무죽비』 등, 제14회 경남시조문학상, 성파시조문학상, 현재 〈서정과 현실〉 편집부장

jaje9@hanmail.net

김수영을 읽다

키가 큰 나무가 한 꽃나무 데려왔다 베어진 여린 목에 푸른 피가 솟아올랐다 비릿한 고함을 먹고 꽃나무는 환했다

계절 한 번 바뀌자 거대해진 엔진 톱 순백의 그 꽃나무 밑동까지 베 버렸다 말없이 가만 바라본 내 허리도 싹둑 잘랐다

아프다고 말하던 묽은 피가 입을 다문다 가슴 넓은 사내라 꼭 그런 건 아니었다 입 밖에 쏟아낼 아픔 비상구가 좁았을 뿐

꽃나무 쓰러진 계절 목이 쉰 채 왔을 때, 시린 발목 덮어주는 땅속 깊은 잔뿌리들, 별 구경 그저 희망이라며 손사래 치고 있다

열매 없이 툭 떨어진 겨울이 약속하지만 삽날의 두려움으로 난蘭을 치는 새처럼 한 결레 미련을 벗고 이제는 떠나야 하리

단풍나무 관절

아무도 몰랐다, 푸른 뼈에 바람 드는 걸
저 늙은 껍질 속에 불개미 집 한 채가
고대의 굽다리접시로 서 있을 줄은 까마득히

고요에 팔을 뻗어 숨은 별 찾는 바람들
계곡물 회심곡처럼 절기節氣를 돌아나와
옆구리 울음 한 잎으로
짓이기다 짓이기다가

폭설로 무너져 내린 아버지 그 말씀
자식들 가슴마다 단풍꽃 필거란 걸
몰랐다, 복사뼈에 움트는
웃음 한 잎 출렁임을

다시 낫을 갈다

오래된 빗물 기억 그날의 여음인 양
풀비린내 거머쥐고 다시 온 여름 한낮
무뎌진 생의 굴곡이 자물쇠를 풀었다

퍼런 멍투성이 내 아버지 휜 손마디
찔레 지나 자귀꽃 워낭소리로 우는 언덕
자식들 빈 밥그릇을 고봉으로 채우셨지

수십 년 수저질 뒤에 다시 날刃을 세운
강아지풀 왈왈대는 자투리땅 마음자리
태양을 한 움큼 심어놓고 달도 한 알 슬쩍,

바람 호루라기

강의 몸 만지작이다 전깃줄에 앉은 새
개망초 언덕에다 휘파람 보낸 사이
임해진 낙동강변이 들썩이기 시작했다

새우깡 소주 한 병에 반올림한 사내 얼굴
갈대잎 흔들다 강물 휘휘 젓다가
미끼를 잃어버린 낚싯대
헛웃음만 가득하고

바람이 슬쩍 불자 물 속을 나는 새들
아가미 껌뻑이며 하늘 솟는 물고기
풀들은 엉덩이 털고
자전거 페달 밟는다

노래하는 김광석

입술 지문 통째로 읽어내는 하모니카
통기타 풀잎들이 들쳐 업은 노랫말들
몸 우주 돌아 나와서 내 눈물샘 툭! 친다

얼마만큼 시를 써야 광석에게 가 닿을까?
파편처럼 꽂히는 '서른 즈음에' 그 하루가
흐르고 흘러서 만난 노을강이 불콰하다

꽃, 다방

종로 어디 건물 지하
분바른 꽃 서너 송이

나이를 덮고 있는
진한 립스틱에

한 개비 덧없는 날들
물잔만 흔들린다

웃음값이 선불이면
찻값은 후불인가

얼룩진 탁자 위에
지폐 몇 장 올려놓고

출입구 오래된 간판
보고 또 보는 사내

토란잎 우산

먼지 풀풀 날리며 빨간 버스 지나간다
차 허리 탁탁 치며 안내양이 오라~이
한 줄기 흙 비린내 날린 소나기도 오라~이

닫힌 문이 열리자 쏟아지는 정든 얼굴들
파란 철재 교문 위로 넘어오는 종소리에
황톳빛 발걸음들이 다급하게 달려갔던

단벌 운동화도 그땐 마냥 좋았었지
버드나무 옛 정류장 만삭의 배 내밀듯이
토란잎 꺾어 든 아이들 총총히 몰려왔다

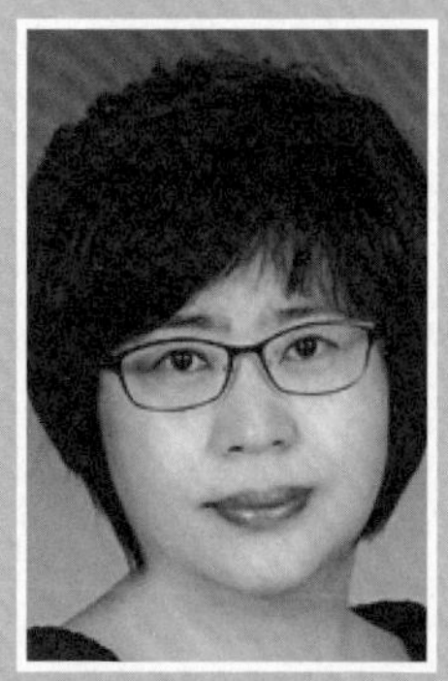

정희경

대구 출생, 2008년 전국시조백일장 장원으로 등단, 2010년 〈서정과 현실〉 신인작품상 당선, 제4회 가람시조문학신인상 수상, 시조집 『지슬리』

gmlrudj@hanmail.net

삽목

자고 나면 피어나는 길거리 노점처럼
새순을 온몸으로 받아내는 고무나무
곁가지 싹둑 잘라서 빈 화분에 옮겼다

노점상 구석자리 더듬는 잎의 눈물
기다림은 말라도 촉수는 살아있어
발 없는 맨몸으로도 오랜 길을 걷는다

추락에서 건져 올린 연한 잎 날개 저편
단속반 호각소리에 갈치잠 흩어진다
날마다 여위는 좌판 또 하루를 버티고

낮잠
—지슬리* 19

가나요
넘어가나요
예! 홈런, 홈런입니다

칠월 땡볕 대청마루
라디오 볼륨 높아진다

아버님
코 고는 소리
넘어가다
딱 멈추고

* 경북 청도군 각북면 지슬리

부추꽃
—지슬리 20

한 번을 잘려도 다시 또 잘려나가도

금세 넘실대는 갈맷빛 너의 결기

새벽녘 내린 별들이

꽃대를 올린다

홀로된 풍각댁 바지런한 걸음걸이

억세고 뻣뻣해진 슬관절 삐걱댈 때

흰 꽃대 목을 쏙 빼고

그 안부를 묻는다

칡

겨우겨우 버티고 선 밑동을 휘어감는
물갈퀴 손바닥엔 물 한 점 흔적 없다
비탈길 기어오르는
어슬어슬 저자세

맨손으로 일궈낸 감자밭 두 마지기
힐끔힐끔 엿보다가 야금야금 죄어오는
앞세운 두어 송이 꽃
걸음이 새빨갛다

디디는 손바닥은 주먹 쥐지 않는다
뿌리를 부풀리며 마디마디 전진일 뿐
어둠이 달을 삼킨다
땅따먹기 좋은 날

우산을 고칩니다

바람에 비틀거려 중심 놓친 날갯죽지
부러지고 녹이 슨 살대에 끼어 있다
가시도 다 삭아버린 덩굴장미 그늘 아래

한 달에 한 번 오는 가게에는 문이 없다
걸어온 길 손금이 된 종이 간판 내걸고
축축한 등을 다독여 터진 생살 깁는다

언제나 다시 펴면 탱탱한 가슴 벌던
'젊은 시절이 저랬을까' 기억도 함께 일어
오래된 노을이 핀다
빗낱이 구른다

한 컷

노인정 흰 벽면에 배경이 된 벚나무

할머니들 낡은 의자
지팡이 앞세우고

해마다 감염되는 가을
초상화를 그린다

바람의 변주에도 끄떡없는 잎사귀

남은 힘 모두 불러 단전에 모았는지

설핏한 구름 사이로
할머니 붉디붉다

복원 7
—벤치

처서 지난 대형마트 앞
벤치 하나
부러졌다

얼기설기 덧댄 나무
얇아진 등받이

온종일
장기 두던 노인 둘
그 무게를
못 이겨

영언이 뽑은
올해의 좋은 시조

—최영효의 「노다지라예」

노다지라예

최영효*

지리산 아흔아홉 골 바람도 길 잃는 곳 싸리버섯 십리 향에 목젖 닳는 뻐꾸기 소리 햇귀도 노다지라예 덤으로만 팔지예

미리내 여울목엔 외로움도 덤이라며 잠 못 든 냇물소리 달빛 함께 줄 고르면 가슴 속 놓친 말들이 노다지 노다지라예

가랑잎 누운 자리 그리움 덧쌓일 때 여닫이 창을 열고 미닫이 마음 열면 심심산 먹도라지 같은 우리 사랑 노다지라예

— 『창작21』, 2014년 여름호

* 2000년 《경남신문》 신춘문예 당선, 김만중문학상 시(시조) 은상, 천강문학상 시조 은상 수상, 시집 『무시로 저문 날에는 슬픔에도 기대어 서라』, 『노다지라예』

두 번째 '영언이 뽑은 올해의 좋은 시조'를 내놓는다. 한 해 동안 발간된 문예지에 발표된 작품 중에서 좋은 작품을 뽑는 일은 여간 어려운 일이 아님을 새삼 깨닫는다. 누구는 명편이라 자신 있게 내놓은 작품이 또 누구는 무슨 이유를 들어 반대 의견을 제시하기도 한다. 동인들 각자의 손에 들려온 좋은 작품들을 일별해 보며 정형율격을 잘 지켰는가, 진부하지 않고 새로운가, 주제의식이 선명한가, 시(시조)정신이 살아있는가를 살펴보았다. 두 달에 걸쳐 심사숙고한 끝에 최영효 시인의 「노다지라예」를 영언이 뽑은 올해의 좋은 시조로 선정하였다.

최영효 시인은 진주에서 꽃집을 운영하며 열정적으로 시조를 쓰고 있는 로맨티스트다. 평소의 그의 표정을 보면 그가 무슨 생각을 하고 있는지 도저히 가늠할 수 없지만 그와 5분만 이야기해보면 얼마나 감성이 풍부하고 시조에 대한 열정으로 가득 찬 사람인지 알 수 있다. 최영효 시인은 2000년 《경남신문》 신춘문예로 등단하여 김만중문학상 시(시조) 은상과 천강문학상 시조 은상을 수상했다. 첫시집으로 『무시로 저문 날에는 슬픔에도 기대어 서라』와 두 번째 시집 『노다지라예』가 있다.

유성호 평론가는 두 번째 시집 『노다지라예』를 "다양한 음역과 형상으로 확장되어진 호활한 자연 서정과 구어적 활력, 그리고 속 깊은 사랑의 마음으로 수렴되어' 진 시집이라고 평했다.

우리 삶의 진정한 가치는 역시 '사랑'일 것이다. 그 사랑을 정의함에 있어 추구하는 가치는 각자가 다를 것이지만 이 시에서의 사랑은 곧 '노다지'다. 세상이 각박해지고 시골정서가 사라져가고 사람과 사람 사이가 각자의 이익에 따라 구분되어지는 요즘 세상에 그래도 가치를 매길 수 없는 우리네 사랑이 있어 세상은 살만 한 것이 아닐까. 지리산 아흔 아홉 골의 자연풍경 속 싸리버섯 십리향에 목젖 닳은 뻐꾸기소리가 노다지요, 잠 못 든 냇물소리 달빛 함께 줄 고르면 가슴 속 놓친 말들도 노다지요, 가랑잎 누운 자리 그리움 덧쌓일 때 여닫이 창을 열고 미닫이 마음 열면 심심산 먹도라지 같은 우리 사랑이 노다지다. 사랑의 가치를 자연의 본질적 속성에 기대어 때 묻지 않은 수순 자연의 존재가치를 깨닫는 자만이 얻을 수 있는 진정한 사랑의 가치를 노래하고 있다.

최영효 시인은 이 시를 통해 "사물을 새롭게 발견하고 그것을 다시 자신의 삶으로 다시 결합하는 과정을 보여줌으로써, 자신만의 시선으로 우리 눈에 포착되지 않는 주변적 존재자들을 새롭게 호명하는 것이다(유성호, 『노다지라예』)." 문어체보다 구어체의 활발한 운용으로 시 전체에서 묻어나는 활달한 리듬감과 새로운 자연서정이 읽는 이로 하여금 풍부한 감성에 젖게 한다.

최영효 시인의 또 다른 작품 「봄편지」가 있다.

봄편지

—5학년 2반 14번 조옥순 올림

여보 당신, 잘 계셨능교, 보고지꼬 또 보고시퍼쏘
당신이 심고 떠난 울타리 옆 개나리꽃
우째서 혼자 보나시퍼 서글프고 원망스럽소만
진작에 이 글 배워 한 배 가득 띠울라캐도
이제사 터질 듯 말 듯 옹알이를 시작했는데
이놈 글 돌부리처럼 여든 앞길에 채여쌓소
그래도 참깨 콩이 때약벼테 크듯이
낱글이 익어서 되글 대고 말글 댄다고
검지에 힘 꼭꼭 주어 이 편지 쓰느만요
배울 때는 맘속에 업는 말꺼정 할라캤는데
말 다르고 글 달라 뜻대로는 안 대서요
서산 해 산 넘어 가모 바늘 간 데 실 갈라요
당신께 배운 대로 소 한 마리 키우는데

---

*조옥순 : 3월 25일 SBS 〈순간포착 세상에 이런 일이〉 프로그램 주인공. 현재 80세에 한글을 배우기 위해 초등학교에 재학 중.

눈빛이 마주칠 때는 꼭 당신 닮아써요
그렁께, 젊은 여자랑은 행여 곁눈질 마시라요

구수한 사투리를 사용하여 날것 그대로의 정감있는 표현으로 미적 형상화가 돋보이는 봄편지는 그의 시적 역량을 돌아보게 하는 또 다른 작품이다.

(집필 : 손영희)

H열 1번 자리

초판 인쇄 2014년 10월 30일
초판 발행 2014년 11월 5일

지은이 / 영언 동인
펴낸이 / 박 진 환

펴낸 곳 / 만인사
출판등록 / 1996년 4월 20일 제03-01-306호
주소 / 700-813 대구광역시 중구 명륜로 116
전화 / (053)422-0550
팩스 / (053)426-9543
전자우편 / maninsa@hanmail.net
홈페이지 / www.maninsa.co.kr

ISBN 978-89-6349-069-4 03810

값 10,000원

* 이 도서의 국립중앙도서관 출판시도서목록(CIP)은 서지정보유통지원시스템 홈페이지(http://seoji.nl.go.kr)와 국가자료공동목록시스템(http://www.nl.go.kr/kolisnet)에서 이용하실 수 있습니다(CIP제어번호 : CIP2014027281).